शब्द प्रवाह

काव्य शतक

रीमा राय सिंह

मेरी यह पुस्तक मेरे माता-पिता मेरे हमसफर और मेरी बेटी को समर्पित है,जिन्होंनेमुझे जीवन में निरंतर आगे बढ़ते हुए लिखने के लिए प्रोत्साहित किया।

क्रम-सूची

क्रम-सूची

क्रम-सूची

प्रस्तावना

मैं विशेष रूप से सरल सहज व्यक्तित्व के धनी महाराष्ट्र राज्य के महामहिम राज्यपाल आदरणीय श्री भगत सिंह कोश्यारी जी का धन्यवाद करना चाहूंगी, जो कि मेरे लिए आदर्श स्वरूप हैं। मेरी पहली पुस्तक सफर (काव्य संग्रह)जो कि २०२१ में प्रकाशित हुई थी। जिसे मुझे उन्हें राजभवन जाकर भेंट स्वरूप प्रदान करने का अवसर प्राप्त हुआ था। जिसके बाद उनसे मिले आशीर्वाद और प्रोत्साहन के फल स्वरुप मैं अपनी द्वितीय पुस्तक शब्द प्रवाह (काव्य शतक) पूर्ण कर पाई। मैं अपने सभी मित्रों और परिवार जनों का भी आभार प्रकट करना चाहूंगी। जिन्होंने हमेशा मुझे अपना समय प्यार और सहयोग दिया है।आखिर में मैं अपने उन सभी पाठकों का भी अपने अंतर्मन से आभार प्रकट करना चाहूंगी जिन्होंने अपना कीमती समय मेरी पुस्तक को पठन करने के लिए प्रदान किया।

धन्यवाद

भूमिका

शब्द प्रवाह (काव्य शतक) १०० छोटी-बड़ी कविताओं का काव्य संकलन है। इस पुस्तक की मेरी पहली कविता जिसका शीर्षक है (नमो नमो) मेरे आदर्श आदरणीय और पूजनीय प्रधानमंत्री श्री नरेंद्र मोदी जी को समर्पित है। इस कविता में प्रधानमंत्री जी के अब तक के कार्यकाल में किए गए कार्यों का संक्षिप्त विवरण है, और यह कविता उन सारे प्रश्नों का उत्तर भी देती है, जो प्रश्न बार-बार उठाए जाते हैं, कि प्रधानमंत्री जी ने अब तक किया ही क्या है। शब्द प्रवाह पुस्तक में लिखी गई कविताओं के मुख्य विषय ईश्वर प्रेम, देश प्रेम, प्रकृति, प्रेम,सामाजिक कटाक्ष और जिंदगी के अनुभवो का सजीव चित्रण है। इस संग्रह की भावपूर्ण और कई प्रेरणात्मक कविताएं पाठकों के अंदर एक नया जोश भरेंगी। यह कविताएं सभी उम्र व सभी वर्ग के पाठकों को प्रभावित करती हैं। शब्द प्रवाह (काव्य शतक) की हर कविता के पठन से पाठक खुद को कविता के साथ जुड़ा हुआ महसूस करेगा। समस्त रचना में कवियित्री ने अपने भावनात्मकता का चित्रण किया है। इनके कलम से लिखित शब्द पाठकों के अंतर्मन तक प्रवेश कर जाते हैं।

1. नमो नमो

आदरणीय प्रधानमंत्री श्री नरेंद्र मोदी जी

दिन को जिसने दिन ना समझा
रातों को रातें ना समझी
राष्ट्र को रखा प्रथम हमेशा
भारत का गौरव ऊंचा रखा।
नमन है उस माता को जिसने
इस राष्ट्रभक्त को जन्म दिया।
कितनी भी कठिनाई आए
कैसे भी हालात बने,
टकराना हो तूफानों से,
या दुश्मन को आंख दिखानी हो,
सीना ताने खड़े हो रहना
या दुश्मन को औकात बतानी हो
कूटनीति में सबसे आगे
राजनीति है सेवा जिनकी
संसद जिनका मंदिर है
शीश नवाते समक्ष उसी के
ऐसे हैं हमारे नमो नमो ।।
कोई ना होगा किसी पे निर्भर
देश बनेगा आत्मनिर्भर
हरित योजना,मत्स्य योजना
सबका ही कल्याण करेगी।
विवाद नहीं विश्वास बढ़ेगा
नमो के मन की बातें होंगी।
सारा देश विकास करेगा
दीन दुखियों का दिन सुधरेगा।
आयुष्मान जब साथ में होगा
स्वास्थ्य योजना, अन्न योजना
आवास भी सब के पक्के होंगे ।
बूढ़ी दादी,बूढ़े बाबा,
घर बैठे पेंशन पावेंगे।

जनधन सब के पास में होगा
सीधे लाभ उठावेंगे।
मातृत्व वंदना और श्रम योजना
स्वानिधि का लाभ उठावेंगे।
उज्जवला भी पास है सबके
धुएं ना आंख में जावेंगे।
हर घर में खुशियां बिखरी हों
हर चेहरे पर मुस्कान खिले
दिन रात परिश्रम करते रहते
ऐसे हैं हमारे नमो नमो।।
फसलों की भी चिंता करते
उसका भी बीमा करवाते
मिली मशीनें माताओं को
कपड़े घर पर ही सिल जाते।
सम्मान निधि भी मिलती जाती
जनधन से किसानों को।
सौर ऊर्जा भी धीरे-धीरे
अपना पांव पसारे है।
हर घर में उजियारा होगा
अंधेरा छटता जाएगा ।
नहीं करेगा युवा नौकरी
अपना रोजगार लगाएगा ।
अपने दम पर इस भारत को
आगे वह ले जाएगा ।
ग्रामीण सड़क योजना आई
शहर गांव के पास हुए।
देश का जिसने मान बढ़ाया
विश्व गुरु जिसने बनाया
ऐसे हैं हमारे नमो नमो ।।
चहुं ओर है चर्चा जिनकी
जिनकी कोई तुलना ना हो।

सब जिसके पीछे चलना चाहें
नेतृत्व जिसे सब देना चाहें।
लगा टक टकी दुनिया देखे जिनको
सुनने को सब आतुर
जिन की जय जयकार करें सब
कोई देश हो, कोई राष्ट्र हो
जो भी मिलने आता है
बस उनका हो जाता है।
देश सुरक्षित जिन हाथों में
सम्मान सुरक्षित रहता है।
छोटे मोटे अस्त्र नहीं अब
राफेल सुरक्षा करता है ।
जितना भी लिंखू पर
कम लगता है ।
शब्द कहां से लाऊं मैं
धन्य हुई मैं,जन्म लिया जो
भारत माता की गोदी में ।
आपके जैसा बेटा पाकर
भारत मां भी धन्य हुई।
किया समर्पित तन, मन, धन सब
भारत मां के चरणों में
नहीं मिलेगा ऐसा बेटा
जैसे हैं हमारे नमो नमो।।

2. हम आपके हैं प्रहरी

अमन चैन से रहिए
मेरे वतन के लोगों
सीमा पर हम डटे हैं
हर हाल में खड़े हैं।
कितना भी ठंड हो मौसम
कितनी भी सर्द हो रातें।
चाहे तपती दोपहरी हो
या बरस रहे हों बादल
जंगल से हो गुजरना
या कांटो से उलझे दामन
खानी हो चाहे गोली
या कफन में हो लिपटना
चाहे लौट के ना आए
अपने घरों को यारों
चाहे फिर न मुस्कुराएं
गले मौत को लगाएं
हम आपके हैं प्रहरी।
मां भारती के रक्षक
अमन चैन से रहिए
मेरे वतन के लोगों।।

3. मेरे वतन

मेरे वतन के मिट्टी की
खुशबू भी निराली है।
मां भारती की गोद में
पल कर बड़े हुए हैं।
अपने वतन की खातिर
कितने ही सर कटे हैं।
खून का हर कतरा
वतन पर है निछावर
अपने वतन की खातिर
हर जख्म उठा लेंगे
हर ख्वाहिशों को अपने
दिल में ही दबा लेंगे
कोई आंख भी उठी
जो मेरे वतन के ऊपर।
सर धड़ से अलग होगा
ये कसम उठा ली है ।
मेरे वतन के मिट्टी की
खुशबू निराली है।।

4. कोई अपना सा

शाम हुई फिर सूरज डूबा
हम भी घर लौट आए हैं।
सुबह शाम के इस चक्कर में
उम्र तमाम होती है ।
कोई अपना सा लगता है
जब दिल से बात होती है।।

5. तुम

वादा करो तो
पूरा किया करो।
वादा फरामोशी के
किस्से तमाम हैं।
तुम नए नहीं हो
बड़ी भीड़ है यहां।
वादा फरामोशी
दस्तूर है यहां
वादा करो तो
पूरा किया करो।।

6. ढूंढ रही हूं

वादा करें और याद रखें
ऐसे लोगों को ढूंढ रही हूं।
कुछ मिले हैं
वादा निभाने वाले
जिनको मैं अपना कहती हूं
पर उनमें अपनापन भी
ढूंढ रही हूं।।

7. अकड़

इसी दुनिया के लगते हैं
पर इतना क्यों अकड़ते हैं?
इन्हें कब होश जाएगा
इन्हें कब अक्ल आएगी?
एक दिन खाक हो जाएंगे
नशा सब टूट जाएगा
इसी दुनिया के लगते हैं
पर इतना क्यों अकड़ते हैं?

8. जिंदगी

कब जाने बुलावा आ जाए
कब इस दुनिया से जाना हो।
ना अपनी मर्जी आए थे
ना अपनी मर्जी जाना है।।

9. घर

चलो फिर तुम भी अपने घर
हम भी घर को चलते हैं।
कहां है वक्त मिलने का
सभी मशरूफ रहते हैं।
ये दुनिया भी
क्या दुनिया है?
सभी मगरूर रहते हैं
सभी हैं दौड़ में शामिल
पर दूर दूर रहते हैं ।
चलो फिर तुम भी अपने घर
हम भी घर को चलते हैं।।

10. मिलना

वो रोज़ मिलते हैं
बातें रोज़ करते हैं ।
पर जो दिल में बातें हैं
ज़ुबां पर आ नहीं पाती ।
भले वो कह नहीं पाते
कोशिश रोज़ करते हैं।।

11. यहां कुछ यार हैं मेरे

यहां कुछ यार हैं मेरे
जो मुझ पर जां लुटाते हैं ।
बड़ी रौनक सी रहती है
शमा रंगीन लगता है।
महफिल रोज लगती है
तमाशा खूब होता है।
वो झूठा मुस्कुराते हैं
मैं झूठा मुस्कुराती हूं
वो अपना काम करते हैं
मैं अपना काम करती हूं।।

12. कहना बाकी है

अभी रुको
कुछ कहना बाकी है
थोड़ा सुनो
कुछ कहना बाकी है ।
मैंने कह तो दिया
तुम सुन भी चुके
पर क्या बेरुखी है
सुनते सब कुछ हो
पर कहते कुछ भी नहीं।।

13. इंतजार

इंतजार भी क्या चीज है
वक्त रुक सा जाता है ।
हम सोचते हैं बीते
पर ठहर ही जाता है ।
जब साथ वो होते हैं
तो क्या बताऊं आलम
दो बात ही करने में
सब खत्म हो जाता है।।

14. तूफान

लगी हूं मैं भुलाने में
उन मनहूस लम्हों को।
जो तूफान से आए
बचा तिनका ना हम पाए।।

15. सवाल

सब हाल पूछते हैं
कई सवाल पूछते हैं
मैं टालती हूं उनको
पर बार बार पूछते हैं ।
इनको दफा करो
मैं तंग आ चुकी हूं ।
जिस बात को छुपाती हूं
वही बात पूछते हैं।।

16. बीमारी

अब ये भी क्या
अजब बीमारी है।
जिनको भूल जाना है
उन्हीं को याद करते हैं।।

17. तारा

उनकी शान ऊंची है
उनकी आन ऊंची है।
हम भी क्यों उलझ बैठे
बस अफसोस करते हैं।
तारा आसमानी है
मैं उस तक जा नहीं सकती।
तारा आसमानी है
वो मुझ तक आ नहीं सकता।।

18. हालात

हालात काबू करने में
लग गए हैं सब।
खुद काबू हो रहे हैं
हालात की तरह।।

19. आवाज

जहां तक आवाज जाती है
पुकारते रहिए।
जब तक उधर से ना आए आवाज,
पुकारते रहिए।
कोई तो होगा,
जो पलट कर जवाब भी देगा।
जब तक ना मिले जवाब
पुकारते रहिए।।

20. यार

बड़ी मुद्दत से दिल में
एक बात रखी थी ।
कुछ यार क्या मिले
बातें सब पता कर ली।
उन्हीं बातों का तमाशा
अब बनाते हैं ।
मैं अफसोस करती हूं
और खामोश रहती हूं।।

21. नाटक

नाटक तुम भी करते हो
नाटक हम भी करते हैं ।
ये दुनिया ही नाटक है
सभी है रंगमंचों पर
निभाते हैं चरित्रों को
फिर सब लौट जाते हैं।
नाटक तुम भी करती हो
नाटक हम भी करते हैं।

22. देखना

बस देखना ही काफी था
बात करने की जरूरत क्या थी?
खो तो पहले ही गए थे
डुबोने की जरूरत क्या थी।।

23. लहरें

कुछ इस तरह कटा है
जिंदगी का सफर
लहरों से जैसे कोई
कश्ती गुजरती है।
साहिल भी सामने है
मंजिल भी दिख रही है ।
कुछ दूरियां बची हैं
नजदीक जा रही हूं ।
तूफान जो ना आया
लग जाएंगे किनारे
बाकी मुकद्दर है
कुछ इस तरह काटा है
जिंदगी का सफर।।

24. प्रभु को याद करते हैं

चलो फरियाद करते हैं ।

प्रभु को याद करते हैं।

हवा भी रोज आती है

पर्दो को हिलाती है ।

हम भी इन हवाओं में

उन्हें महसूस करते हैं ।

जब खामोश होते हैं

हवाएं फिर से आती हैं।

हम भी जाग जाते हैं

चलो फरियाद करते हैं ।

प्रभु को याद करते हैं।।

25. नई जगह

नई जगह है नए लोग हैं
कुछ तो अड़चन आएगी।
नया शहर है नया मोहल्ला
कुछ तो अड़चन आएगी।
हर चेहरा अनजाना सा है
हर ओर अजनबी दिखते हैं।
सब एक दिन अपने हो जाएंगे
पर अपना बन जाने तक
कुछ तो अड़चन आएगी।।

26. लोग बदलते हैं

हालात बदलते हैं
तो लोग बदलते हैं।
हम तुम वही रहते हैं
ये वक्त की दुनिया है ।
जब वक्त बदलता है
तो लोग बदलते हैं।।

27. गलतफहमियां

आज बस खत्म करते हैं
गलतफहमियां सारी।
तुम हमको भूल ही जाओ
हम भी भूल जाएंगे।
समझ लेना मुसाफिर थे।
सफर में आंख टकराई
तुम्हें कुछ दे ना पाएंगे
तूफानों से है मेरी यारी
आज बस खत्म करते हैं
गलतफहमियां सारी।।

28. मुलाकात

मुलाकातें बहुत होती हैं
होती हैं बातें भी,
पर ना जाने क्यों नहीं
वो बात होती है।
जो कहना चाहते हो तुम
जो कहना चाहती हूं मैं।।

29. रिश्ते

कहना था जो भी
कह दिया
कुछ रहा नहीं बाकी
खामोश थे तो रिश्तो का
मेला लगा था।
कह दिया तो
कोई रिश्ता रहा नहीं बाकी।।

30. खामोशी

जहां तक नज़रें जाती हैं
एक खामोशी से छाई है।
क्या अकेली रह गई हूं मैं
यह शहर ही विरान है।।

31. दोस्त

दोस्तों की दोस्ती का
अब यही हिसाब है।
सब अपने तो लगते हैं
पर दूर-दूर से
उन दोस्तों को अब तक
मैं ढूंढ रही हूं
जो अपने तो लगें
पर करीब से।।

32. पुकार

एक खुशबू सी आती है
कोई आ रहा है क्या?
हम तो वहीं खड़े हैं
जिस मोड़ पर खड़े थे
हमको पुकारता हुआ
कोई आ रहा है क्या?

33. अभिनय कर रहे हैं सब

अभिनय कर रहे हैं सब
पर थकते नहीं देखो
रोज वही मुस्कान
अच्छेपन की बातें रोज
कितनी नम्रता वाले
अभिनय कर रहे हैं सब।।

34. पल

अभी तक यह
समझ पाई हूं ।
कि अफसोस करने
से पल जो बीत
जाता है पलट कर
फिर नहीं आता।।

35. ख़बर

ना तुमको पता था
ना हमको खबर थी ।
पर मुकद्दर का खेल भी
कितना अजीब है ।
हम कुछ सोचते थे
तुम कुछ सोचते थे ।
हमको पता नहीं था
मुकद्दर खराब है ।
पहुंचे थे जिस गली से
लौटेंगे उस गली से ।
न तुमको पता था
ना हमको खबर थी।।

36. पहेली

जिंदगी है कि पहेली है
समझ नहीं आती ।
हम कुछ बूझते हैं
यह कुछ और निकलती है।।

37. नफरत

नफरतों का दौर है
मोहब्बतों की कमी है ।
मतलबों की जिंदगी है
मतलबों के रिश्ते हैं ।
सहूलियत है जिससे जितनी
मोहब्बत है उससे उतनी
अदाकारी हो रही है ।
मोहब्बतों की कमी है
नफरतों का दौर है।।

38. किस ओर बहना है

कहने की जरूरत क्या?
बताने की जरूरत क्या?
हवाएं सब समझती हैं
उन्हें किस ओर बहना है।

39. जमाना

जमाने का अब ये हाल है
खुश रहो तो ये
मायूस हो जाता है
और मायूस रहो तो ये
खुश हो जाता है।
हमने भी पकड़ रखी है
नब्ज़ जमाने की
कितनी भी हो मायूसी
पर खुश ही दिखते हैं।।

40. उलझन

बड़ी उलझन सी होती है
बड़ा अफसोस होता है।
तमन्ना कुछ है करने की
हो कुछ और जाता है।।

41. सरहद

तुम मुझको भूल ही जाना
मुझे सरहद बुलाती है।
ना बांधो मुझको आंचल से
मुझे सरहद बुलाती है।
मोहब्बत से जरूरी है
वतन की आबरू सुन लो
तुम मुझको भूल ही जाना
मुझे सरहद बुलाती है।
कभी मिलते थे हम तुमसे
कभी तुम हमसे मिलते थे
ये बातें भूल ही जाना
मुझे सरहद बुलाती है।
वादे सब भुला देना
कसमें सब भुला देना
वतन की आन पर आई है
मुझे सरहद बुलाती हैं।
न कुछ हसरत रही बाकी
न कुछ ख्वाहिश रही बाकी
वतन से बस मोहब्बत है।
तुम मुझको भूल ही जाना
मुझे सरहद बुलाती है।।

42. दरवाज़े

कर दो बंद दरवाज़े
हवाएं तेज आती हैं।
कहीं तूफान उठा है
खुदा नाराज लगता है।

43. वतन महफूज है

कहां हो अब चले आओ
देखो सब बुलाते हैं ।
ये आंगन सूना सूना है
कहां हो अब चले आओ ।
गए थे देश की खातिर
लड़े थे देश की खातिर
तुम्हारी मां बुलाती है
कहां हो अब चले आओ।
गए थे चल के पैरों से
क्यों ताबूत में लौटे
ये मंजर किसने सोचा था
कहां हो अब चले आओ ।
वतन महफूज है देखो
तिरंगा सर उठाए है
उसकी आन ऊंची है
उसकी शान ऊंची है
कहां हो अब चले आओ
देखो सब बुलाते हैं।।

44. अंदाज़

मुलाकातों का भी अपना
एक अंदाज होता है।
जिससे दिल से मिलते हैं
हमेशा याद रहता है।।

45. साहिल रखता है

मेरा ईश्वर भी कितना
बड़ा दिल रखता है ।
हर जरूरत को पूरी
करने के काबिल रखता है ।
जब भी मुश्किलें घेर लेती हैं
मेरी कश्ती को,
मेरी कश्ती के पास ही
साहिल रखता है।।

46. खुशी

बाहर क्यों खड़ी हो तुम
घर के अंदर आ जाओ।
मैं जानती हूं तुमको
जिसको गम नहीं है
तुम उन्हीं की हो।।

47. मेरा दर्द

छुपा हुआ है मेरा दर्द
मेरे दिल में
और लोग पूछते हैं
दिल में छुपाया क्या है?
छुपे हुए हैं मेरे आंसू
मेरी आंखों में
और लोग पूछते हैं
आंखों में समाया क्या है?

48. तमाशा

लगा है एक तमाशा सा
तमाशा देखते हैं सब
बस यह भूल जाते हैं
खुद भी है तमाशा सब।।

49. ख्वाब

कभी ऐसा भी होता है
ख्वाब कुछ देखते हैं
हो कुछ और जाता है।
मगर करें भी क्या
हम इंसान जो ठहरे
एक टूटता है
तो दूजा ख्वाब आता है।।

50. मशहूर

तमन्ना थी बहुत दिल में
जरा मशहूर होने की
न मालूम था बुलंदी पर
तन्हाई भी रहती है।।

51. बेवजह

तुम भी क्या याद रखोगे
वजह रिश्ता निभाने की
साथ चल नहीं सकते
दुआ तो कर ही सकते हैं
वजह तुम भूल ही जाओ
समझ लो बेवजह था सब।।

52. वीराना

शहर की वीरानियां तो देखिए
भीड़ हर जगह है।
पर कोई किसी का नहीं है
मिल तो सब रहे हैं
पर पसंद कोई किसी को नहीं है।।

53. दुनिया

अजीब दुनिया है
अच्छा सबको बनना है।
बुरा बिल्कुल ना दिखना है
बस अफसोस है इतना
कि ये अभिनय की दुनिया है।।

54. मौसम

बड़े खुश थे चहकते थे
फ़िज़ा से बातें करते थे।
बड़ा रंगीन था मौसम
ये दुनिया खूबसूरत थी
जब हम उनसे मिलते थे।।

55. कोई

रुक तो गए होते
पर कोई
पुकारने वाला ना था
गिरकर भी संभल जाते
पर कोई
संभालने वाला ना था।।

56. मेरे साथ ही रहना

सफर लंबा सही देखो
तुम मेरे साथ ही रहना।
अकेले लड़ ना पाऊंगी
सहारा तुम ही हो मेरे
तुम्हारा साथ मिल जाए
तो दुनिया को झुका दूंगी।
तुम मेरे बने रहना
मैं खुद को भी भुला दूंगी।।

57. मजबूर

मजबूर हो गया है
इंसान इस कदर
जीने की चाह में
हर रोज मरता है।।

58. चाहत

उल्फत को भी तमाशा
बना रहे हैं लोग।
चाहत की भी नुमाइश
लगा रहे हैं लोग।
बस दिखावे की मोहब्बत
किए जा रहे हैं लोग।।

59. दस्तूर

अब क्या बताएं
हम भी दस्तूर अच्छा है।
कोई हाल पूछता है
सब ठीक बताते हैं ।।

60. सब कुछ

तुमसे मोहब्बत का
बस यह सिला है
शिकवा नहीं कोई
सब कुछ तो मिला है
तुम ना मिले बस
इसका ही गिला है।।

61. साथ

साथ ही चलते हैं
अक्सर ही मिलते हैं
सब दोस्त हैं मेरे
बड़े अपने से लगते हैं
पर जब भी मिलते हैं
मुखौटा साथ रखते हैं।।

62. कहानी

हम तुम्हें भूल ही बैठे थे
कहानी खत्म समझी थी।
खुदा भी खेल करता है
यूं बिछड़ों को मिलाता है।
उसी महफिल में तुम आए
जिसमें हम भी शामिल थे।।

63. जीना

जैसे जीना भी जरूरी है
मरने के लिए ।
वैसे गिरना भी जरूरी है
संभलने के लिए।

64. कोई आहट

कोई आहट सी होती है
कोई आया है लगता है।
ये घर मुद्दत से था सुनसान
कोई आया है लगता है।
हवाओं की ये आहट है
हम समझे कि है इंसान।।

65. तुम्हीं कह दो

तुम्हीं कह दो कहां जाएं
गमों का काफिला लेकर
उल्फत दोनों करते थे
हुए बदनाम तन्हा हम।।

66. शिकायत

आज फिर वही शिकायत
फिर से वही गिला है ।
हम बेवफा नहीं हैं
कैसे उन्हें बताएं
वह रोज पूछते हैं
कि तुमसे क्या मिला है।।

67. महफिल

यह घर वीरान सा क्यों है
क्यों खामोश है आंखें
महफिल रोज लगती थी
कहां है दोस्त सब मेरे?

68. बेरंग

जिंदगी बेरंग सही
लिबास के बहाने
कुछ रंगीनियां तो हैं।
मौसम कब बदल जाए
लिबास कब बदल जाए
कहीं से मौत आ जाए
सब बेरंग हो जाए
लिबास के बहाने
कुछ रंगीनियां तो हैं।।

69. वफाएं

खुदा का शुक्रिया है कि
हम दिल नेक रखते हैं।
वरना इस जमाने में
वफाएं कौन करता है?

70. साथ रखूंगा

तुम आओ,सर झुकाओ
तो मैं तुमको साथ रखूंगा
तुम जयकारा लगाओ
तो मैं तुमको साथ रखूंगा
खुदा मुझको बताओ
तो मैं तुमको साथ रखूंगा।।

71. मुश्किलें

रिश्ते बेशुमार हैं
दोस्तों की भी कमी नहीं ।
पर मुश्किलें हालात में
दिखता भी कोई नहीं।।

72. संचय

संचय कितना भी कर लो
कुछ भी ना होगा साथ
जब जाओगे दुनिया से
खाली होगा हाथ
बस चार कंधे होंगे
कुछ लोग होंगे साथ ।।

73. मौत

सभी को डर है मरने का
मगर हर रोज मरते हैं।
यही है जिंदगी यारों
जीने के बहाने हम
हर रोज मरते हैं।।

74. महसूस

महसूस तो कराते हैं
मौजूदगी अपनी
मैं आस-पास हूं
ये एहसास दिलाते हैं
मिलते भी नहीं हमको
रुखसत भी नहीं होते।।

75. जीवन

वही सुबह वही शाम
निरंतर चल रहा जीवन
वही ख्वाहिश वही सपने
समय है भागता दिन भर
ये कैसी दौड़ है जीवन की
हर पल खो रहा जीवन।।

76. वो मेरे पास रहता है

कभी तन्हा नहीं छोड़ा
हमेशा साथ रहता है ।
जब सब दूर रहते हैं
वो मेरे पास रहता है ।
जब भी टूट जाती हूं
मुझे फिर जोड़ देता है।
मेरा ईश्वर दयालु है
दया हर बार करता है ।
अंधेरे घेर लेते हैं
उजाला बनकर आता है ।
भले सब रूठ भी जाएं
वो हरदम साथ रहता है ।
उसे महसूस करती हूं
वो मेरे पास रहता है ।
दया उसकी नहीं होती
तो अब तक मैं नहीं होती ।
कब की खाक हो जाती
मैं बर्बाद हो जाती
अगर ईश्वर नहीं होता।
कभी तन्हा नहीं छोड़ा
हमेशा साथ रहता है ।
जब सब दूर रहते हैं
वो मेरे पास रहता है।।

77. उम्मीद

उम्मीदों का भी
अपना मिजाज है।
पूरी हों या अधूरी हों
उम्मीदें खत्म नहीं होती
उम्मीदें फिर से होती हैं।।

78. ईश्वर देखता है सब

कर्मों पर नजर रखो

ईश्वर देखता है सब ।

लफ्जों पर लगाओ रोक

ईश्वर देखता है सब ।

किसी को दुख न पहुंचाओ

ईश्वर देखता है सब ।

यहां पर सब मुसाफिर हैं

सफर कर रहे हैं सब ।

कुछ पल जीने आए हैं

रोज मर रहे हैं सब ।

एक अंजाम होना है

सभी को मौत आनी है ।

न जिंदा बचकर जाओगे

यहीं पर मरोगे सब

सिकंदर बनके मत घूमो

सिकंदर भी बचा था कब

खाली हाथ आया था

खाली हाथ ही लौटा

जमीं दो गज मिली उसको

विजय करना था जिसको जग

कर्मों पर नजर रखो

ईश्वर देखता है सब ।

लफ्जों पर लगाओ रोक

ईश्वर देखता है सब।।

79. जरा सुलझें

जरा सुलझें तो फिर सोचें
अपनी फिक्र भी कर लें
न जाने कब से उलझे हैं
घर को घर बनाने में।।

80. बरसातों का मौसम

ये बरसातों का मौसम
ये महकती हुई शामें
आने का वादा करके
ना आने के बहाने
कोई बात ना मिली
तो बरसातों के बहाने
हम मान भी जाएं तो
ये शाम गलत है ।
तुम भीग के आ जाओ
कागज तो नहीं हो
यूं ही गल जाओगे
बादल तो नहीं हो ।
कोशिश तो करो कोई
घर से निकलने की
उम्मीद लगा रखी है
आपसे मिलने की ।
कुछ तो रहम खाओ
एक फूल ही भिजवाओ।
वो भी ना कर सको तो
इस शाम को हटाओ
सुबह से नहीं शिकायत
ये शाम गलत है।।

81. जिंदगी के रंग

जिंदगी भी क्या क्या
रंग दिखाती है?
हमको ही नहीं देखो
सबको बनाती है।
जो रंग नहीं भाता
वही रंग दिखाती है।।

82. जन्नत

मोहब्बत भी करनी है
और डर भी लगता है।
जन्नत तो चाहिए
पर मर कर नहीं।
खामोश ही रहते हैं
कहते भी क्या
जीतना तो है
पर हार कर नहीं।।

83. मंजिल

सफर चल तो रहा है
मंजिल भी आ जाएगी।
सफर को जिंदगी मानो
तो मंजिल मौत ही है ना।।

84. आंधी

कभी ना कभी किस्मत
सब पर हंसती है।
यह बस्ती है जनाब
बसते-बसते बसती है।
किसी के वश में कहां
जो हवाओं का रुख मोड़ सके
ये आंधी है जनाब
थमते-थमते थमती है।।

85. खयाल

कितना करे खयाल
रिश्ते संभालने की
संभालते हैं एक
तो दूजा छूट जाता है।।

86. खुदा

खुदा भी क्या कमाल करते हैं
मुक़द्दर वालों पर ही
मेहरबान रहते हैं।
मुफलिसी के मारे,भटकते हैं
दरबदर, मुक़द्दर को कोसते हैं
खुदा से सवाल करते हैं ।।

87. प्यार

खिला एक फूल गमले में
अजब एहसास होता है।
देखूं बैठकर उसको
उससे प्यार होता है।।

88. दिल चाहे

दिल चाहे लिखूं तुम पर कविता
दिल चाहे कि तुम पर गजल लिखूं
दिल चाहे कि तुम को याद करूं
दिल में छाए इस वीराने को
तेरी यादों से आबाद करूं।।

89. ठंडी हवाएं

ये बारिश का मौसम
ये ठंडी हवाएं
कोई ना आए
हम किसको बुलाएं ।।

90. हद

हद से भी गुजर जाइए
हद पार भी कर लीजिए।
यह दुनिया है मेरे दोस्त
आखिर भूल ही जाएगी ।।

91. शहर

शहर से वो ऐसे हो गए हैं गायब
जिनसे भी खबर पूछो
दस बात बताते हैं ।
बस ये नहीं बताते
गायब कहां हुए हैं ।।

92. खत्म

खत्म करते हैं
ये उल्फत
होश में आते हैं।
छत रोज टपकती है
उसे ठीक कराते हैं।।

93. शोहरत

शोहरत का नशा भी
क्या खूब होता है।
कितनी भी मिल जाए
पर दिल नहीं भरता।।

94. मौसम का बदलना

मौसम का बदलना
भी जरूरी है।
नहीं तो बोरियत होगी
धूप भी जरूरी है
बरसात की तरह।।

95. मुद्दा

मुद्दा ये है कि
आगाज कौन करे
सवाल ये है कि
शुरुआत कौन करे
मंजिल तो एक ही है दोनों की
पर हाथ पकड़ने कि
शुरुआत कौन करे।

96. भरोसा

ख्वाबों का ही भरोसा है
हकीकत में तो मिलने से रहे
कुछ यादें हैं जो
ख्वाब बनकर आती हैं।
फिर से ख्वाब हकीकत बनने से रहे।।

97. उम्र

मोहब्बत की भी अपनी
उम्र होती है।
ये अलग बात है
मोहब्बत बूढ़ी नहीं होती
जिस्म बूढ़े देखे
पर बूढ़ा दिल नहीं देखा।।

98. अफसोस

किससे करें शिकायत
गिला किससे करें,
हम भी चले थे
रेत से घर बनाने,
घर टूटना ही था
पर अफसोस है तो इतना
तुम बेवजह मिले।।

99. नाव

नाव डूब जाएगी
कुछ क्यों नहीं करते?
जहां पर तुम बैठे हो
वहीं पतवार रखी है
उठाते क्यों नहीं उसको ?
चलाते क्यों नहीं उसको?
हम तुम डूब जाएंगे
कुछ क्यों नहीं करते?

100. न्याय की पुकार

बहुत हुआ अन्याय
अब न्याय होना चाहिए
हर जुल्मों सितम का
अब हिसाब होना चाहिए।।
देश के गरीबों का
कल्याण होना चाहिए।
अब बस भी करो इनको और ना सताओ
ताकत के दम पर इनको
अब और ना दबाओ
चिंगारी है दबी आग में
इसे और ना भड़काओ
ये सर झुका के चलता है
बगावत ना तुम सिखाओ
खुद ही डरा हुआ है
तुम और ना डराओ
डर खत्म ही हो जाए
इतना ना सितम ढाओं
वो उठ खड़ा हुआ तो
फिर कौन बचाएगा
खुद न्याय करने निकला
तो कौन रोक पाएगा
इसलिए तो कहता हूं
बहुत हुआ अन्याय
अब न्याय होना चाहिए
हर जुल्मों सितम का,
अब न्हिसाब होना चाहिए।।

मेरी पुस्तक का पठन करने में अपना बहुमुल्य समय प्रदान करने के लिए मैं सभी पाठकों को अपने अंतर्मन से धन्यवाद करती हूं ।

हमें संपर्क करने के लिए :

Email: reemaraisingh@gmail.com

Social Media: Reema Rai Singh

www.ingramcontent.com/pod-product-compliance
Lightning Source LLC
Chambersburg PA
CBHW031304130726
47988CB00007B/2721